연리목

국립중앙도서관 출판예정도서목록(CIP)

연리목 : 서금희 시집 / 지은이: 서금희. -- 대전 : 이든북,
2018
   p. ;   cm. -- (이든시인선 ; 022)

한자표제: 連理木
ISBN 979-11-87833-65-9 03810 : ₩10,000

한국 현대시[韓國現代詩]

811.7-KDC6
895.715-DDC23   CIP2018033194

연리목

이든시인선 022

서금희 시집

| 서문 |

언제부터인지
시가 내게로 왔다.
파블로 네루다의 말처럼…

오랜 시간 같이 수업한
글꽃문학회 문우님들께 감사의 마음 전합니다.
바쁜 시간 속에서도 귀한 해설을 써주신
손종호 교수님께 감사합니다.

이 첫 시집을
삶의 모든 순간에
함께했던
사랑하는 남편,
아이들에게
바칩니다.

■ 차례

서문 —— 005

1부

단풍잎	—— 013
가을 강가에서	—— 014
명상	—— 016
무심천	—— 018
하심下心	—— 020
12월의 시	—— 022
마지막 문자	—— 023
고향역	—— 024
수화	—— 026
이불	—— 027
가을이 귓가에 스친다	—— 028
이사	—— 030
나무에게서 배우다	—— 032

2부

선물	—— 035
초겨울의 눈꽃	—— 036
은행나무 아래서	—— 038
어느 혼인날	—— 039
벚꽃	—— 040
오월의 봄밤	—— 042
남도의 가을	—— 044
막다른 길	—— 046
망각의 샘	—— 047
봄 햇살	—— 048
불멸의 꽃	—— 049
아버지	—— 050
소망	—— 052
동행	—— 054

3부

군자란	─── 059
편백나무 아래서	─── 060
내 마음 안에 한송이 꽃	─── 062
무상無想	─── 064
상사화	─── 066
연리목連理木	─── 068
수선화	─── 070
구절초에 관하여	─── 071
무궁화	─── 072
분꽃	─── 073
성장학개론	─── 074
벚꽃나무 아래서	─── 075
봉숭아 꽃 옆에 앉아서	─── 076
12월	─── 077

4부

제주의 9월 —— 081
운보雲甫의 집 —— 082
오베르의 집 —— 084
김영갑갤러리 —— 086
비엔나에서 —— 087
3월의 마드리드 —— 088
부다페스트의 밤 —— 089
나이테 —— 090
마법의 일본 기행 —— 092
영동·봄 —— 093
영동·여름 —— 094
영동·가을 —— 096
영동·겨울 —— 098

5부

봄 편지	101
별에 관한 묵상	102
길	104
초심初心	106
가을의 내력	107
작심作心	108
유월의 숲속	110
2015년 송년회	111
여로의 끝	112
가을 풍경	114
흐름에 대하여	116
묵시默示	118

┃작품해설┃ 손종호
일상 속 영성靈性의 발견과 조화 ―― 119

1부

단풍잎

여름 내내 간절함 담아
온몸으로 붉게 물들어 간다

며칠 사이 마음마저 단풍이 들어
바람마저 아득한 길

그 길조차 버리고나니
기러기 한 마리 물고 가는 고요가 보인다

가을 강가에서

마음의 생채기 따라
강물과 함께 흘러갑니다

별들도 가끔씩 방황하는지
오늘은 단풍나무 가지 사이
좀체 얼굴을 드러내지 않습니다

지나온 길들 하나로 접어
풀숲에 숨기고
아무 일 없다는 듯
다시 먼 바다로 떠나야 할까요

밤이 깊을수록 반달은
한 눈금씩이라도 둥글어져 가는데
국화꽃 한 송이
배시시 웃고 선 자리

언제쯤 닿을 수 있을까요
스스로를 낮추어야
나도 없어지고

그대도 별빛 속에 사라져
내가 그대임을 깨우칠 수 있는

명상

두 눈을 감고
바람 속에 서면
들숨과 날숨 사이
삶과 죽음 사이

그 적막 속에 문이 열린다
전신으로 맑은 이슬에 젖는
들꽃 한 송이

그때 비로소
내가 끌고 온 무거운 길은
작은 바람 한줄기에 봄을 얹는
민들레 홀씨가 되어 사라지고

아스라이 하늘 저 멀리
반짝이는 별 하나
홀연 내 이마에 닿을 때

나는 비로소 깨어난다
길가에 핀 무심한 꽃 한 송이

꿈틀거리는 지렁이의 신음조차
또 하나의 잊혀진 나

들숨과 날숨 사이
삶과 죽음 사이

우리는 어두운 수렁 같은 영혼 속에
오직 한 송이 연꽃을 피워내는
사랑인 것을

무심천

한동안 스치는 풀잎에
자주 베이기도 하고
무심코 돋아난 장미가시에
찔리기도 했었지

낯설어 하던 그 집엔
그대와 나의 숨결뿐
창틈 사이로 봄 햇살이
가끔씩 안부를 물어오곤 했지

짙푸른 밤하늘에
흰 구름이 바람에 실려 가고
유난히 반짝이는 낯익은 별 하나

낮 동안 외로웠던 그 집은
지금쯤 봄 햇살 가득 할 텐데
두 해의 기억을 간직한 채

그 사이 풀잎에 베인 곳곳마다
향기 가득한 집이 되었고

낯선 거리는 옛집처럼
익숙해졌고

이제는 가끔씩
그 집의 안부를 묻는다
바람에 실려 온
산사의 풍경 소리 그리워하듯

그때는 왜 몰랐을까
지나간 사소함이 온통 그리움인 것을

하심 下心

계룡산 산봉우리 눈들이
낮은 바닥을 향하여
흘러내린다

땅속에서
겨우내 키워오던 희망
매일 매일 조금씩 밀어 올려
파릇한 새순의 기지개 켜는데

보일 듯 말 듯하게
피어나는 보랏빛
패랭이 모자 닮은
패랭이꽃

마음속 바램조차
지우고 나니
우연히 마주친
패랭이
패랭이꽃 되어가네

내 안에 고요히 깃든
숲속 길 걷다가 본
흰 비둘기 한 마리
평화의 씨앗 한 알 툭 떨어트린다

우리는 오직
기쁨과 평화를 경험하기 위해
지구란 별에 오지 않았을까

12월의 시

코끝을 스치우는 쓸쓸한 바람
마지막 남은 달력 한 장

기차는 스스로의 시간이 다했는지
경적을 울리며 떠나간다

무성했던 목련나무 창가
금빛 잎새들 앞서거니 뒤서거니 사라지고
겨우 한두 잎새만 매달려 있다

올 한해 숙제가
다 끝나간다

이제는 잠시 쉬어도 된다는 걸까
밤하늘의 별들
흰 바람을 풀고 깜박, 깜박거린다

모두를 버린 거리의 나무들
오늘은 온몸으로
하늘을 우러르고 있다

마지막 문자

그 아이는 여섯 살부터
발끝부터 점차 몸이 마비되어 갔다

까치발 들다 넘어지고 또 넘어져
휠체어 앉아 하늘을 보곤 했다

나이 서른에 중환자실에 누워
1년 넘도록 고무호스로 숨을 쉬더니

떠나는 날엔 햇빛도 숨이 막히는지
오감주나무 뒤로 숨었다

기저귀 갈고 나서 부끄러울까봐
말을 걸면 눈동자가 움직인다며

잔잔히 미소 짓던 아이 엄마는
그 아이의 SNS를 내게 보여주었다

친구야, 떠나기 전
정말 딱 한 번만이라도 걸어보고 싶구나

고향역

어느 하루
산다는 게 무엇일까
막막해질 때

그 해답을 찾고 싶어
떠나 보는
기차역

노을 지는
차창으로 떠오르는
익숙한
산등성과 고요한 들녘

무심에 닿은
평화로움이여

마중 나온 봄 길 위로
다다른 바다

비상하는 갈매기들

갯바위로 씻겨
투명해지는 내 마음

수평선으로 안고 있는
평화로움이여

수화

시장에서
세 사람이
모두 양손을 들어
이야기를 한다

세상의 벽을 넘어
이루어지는
바람의 소통

손가락에서 손가락으로 이어지는
알 수 없는 이야기가

신비한 안개를
풀어 헤치고 있다

이불

그 가게 앞을 지날 때면
늘 멈추어 서곤 한다

왠지 모를 포근함이 손끝으로
내 마음을 감싸 안는다

그 부드러운 고운 빛깔에
영혼의 아픔이 사라진다

나도 그대의 쓸쓸함을
덮어주는 이불이 되고 싶다

가을이 귓가에 스친다

그해 여름은 유난히 어두웠지
구석진 붉은 칸나 꽃 벤치 아래에 서면
서러움이 몰려오곤 했지

내 마음 물들이는
노오랗고 둥근 보름달은
나그네처럼 구름 데불고
바람 따라 무엇을 향해 흘러만 가는 걸까

가끔씩
세상이 나를 썰물처럼
바닷가 모서리로 세울 때

밀려가지 않으려
안간힘 쓰다가도
어둠이 내릴 무렵에는
쥐고 있었던 손바닥을 비운다

등에 지고 있는
단단한 슬픔의 무게가

나를 일으켜 세운다

그래
버려지기 전에
내가 먼저
때로는 마침표를 찍어본다

낮게 추락하는 별빛은
더 밝은 달빛을 키우겠지

오랜 소망이 찬바람 속에서
오히려 국화꽃을 피우듯이

이사

하이얀
메밀 꽃 필 무렵

정든 집 뒤로 두고 이사를 했다

오 분만 가면
푸른빛으로 펼쳐지는
바다가 눈앞에서 사라지고

구름 위로 비상하는
하이얀 갈매기 떼들도
하룻밤 새
어딘가로 날아 갔다

철쭉꽃이 피는지 지는지
모르며 지내던 시절

바람 따라
굽이굽이 돌아온 길

그때는 몰랐다

곁을 지켜주는 바다가
바로 내가 서 있는 높은 봉우리였음을

나무에게서 배우다

나무는 제 삶의 이유였던 빛나는 잎들을
단호하게 버린다

어떤 풍랑에도 뒤집히지 않게
배의 중심을 잡아주는 평형수처럼

손과 발 같은 가지조차
세찬 바람을 도와 잘라 버린다

눈밭 속에서도 제 몸을 꼿꼿이 세운 채
오히려 높은 하늘 우러르는

마음은 흰 구름 사이로 흐르는 새처럼
깊은 뿌리에 향기를 전하며

오직 기다린다 차가운 흙속에
깃드는 숨결, 먼 봄 햇살을

2부

선물

하이얗게 피어나는
배꽃 그늘 아래서
딸의 편지를 읽는다

엄마 홀더 파일 선물이예요
지금 쓰시는 것 너무 낡은 듯해 샀어요
혹시 안 쓰셔도 제가 쓸 테니
걱정마셔요

가슴속 아지랑이 피어오른다

초겨울의 눈꽃

머무는 빈 나뭇가지마다
내려앉는 눈송이들
무심한 눈꽃 되어
하늘을 우러르네

누군가
새벽녘 쓱쓱 밀어서
눈길을 만들며
동 터오기를
기다리는 걸까

비어있는 나뭇가지마다
소복하게 아쉬움 쌓여가네

용암동에서의 남은
두어 달의 시간

낯설던 그 집이
그 길들이
그리워질 것만 같네

이제는 익숙해져버린
아파트 단지 내의 풍경이
벌써
그리워 쳐다보고

마음속에 심어지는
꽃씨 한 알의
그 집

은행나무 아래서

하룻밤 새 노오랗게 꽃비 맞더니
가을이라고 귀띔해준다

누굴 설레게 하려고 저리 고울까
얼마나 간절했으면 저리 붉을까

낙엽을 살짝 밟으면 미국으로 이민 떠난
친구의 웃음소리가 들리는 듯하다

빈 하늘에 외쳐본다
오메, 가을이다

어느 혼인날

아는 지인 아들 장가 가는 날

분홍치마 입은 신랑과 신부 엄마
두 손 꼬옥 잡고
화촉 불 밝힌다

하트 모양의 꽃길이 열리고
신랑 엄마의 눈빛은
에머랄드빛 저고리에 빛나고

신랑의 구성진 세레나데는
마음 한구석
나직한 꽃잎으로 내려앉고

혼주석의 빈자리에 자꾸 눈길이 간다
참 잘 살다 가셨구나, 눈시울이 젖는다

마치 내 아이들
결혼식 같기도 한 날

벚꽃

4월 어느 날 오후
비 온다는 소식

벚꽃 질까
가슴 졸이며 가는 길

박정자 삼거리부터
펼쳐지는 왕벚꽃 나무 터널

빨강 노오랑 파랑 색의 바람개비
팔랑거리는 사이로

꽃구경 나온
목발 짚고 가는 아주머니

줄줄이 매달린
오색 연등의 기도 따라

아름드리 꽃그늘에 앉으니
혼자여도

하늘도 바람도
다정하고

오월의 봄밤

커피숍 창가에
사뿐히 어둠이 내린다
낮 동안
고요하던
연두, 빨강, 노랑 네온사인
— 나를 잊지 마세요
다짐하듯 몇 번이고 신호를 보낸다

산다는 것은
기쁨과 슬픔이란
두 개의 얼굴을 지닌 채
살아있다고 세상을 향해 외치는 것

부처님 오신 날이
다가오나 보다

건너편
분홍빛 연등
노오란 가로등을 품은 채
간절한 소망을 키우고 있나 보다

오늘도
빈손으로
마음의 가부좌를 한 채
은밀히 미소 짓는 부처님을 본다

남도의 가을

메타세콰이어 가로수 길을 지나는
단풍든 갈바람처럼

모두들 플랫 홈에 서성이다가
어디론지 떠나가는 담양역

돌아보면 햇살은 금빛 새의 날개인 양
드넓은 억새밭에 내려앉고

들판 여기저기 기억의 풍요처럼
쌓이는 누런 볏단들

강 저편에는 검은머리물떼새
몇 마리 짝지어 노닐고

푸른 에움길 지나오니
내 앉은 자리가 마음자리네.

문득 길가의 연분홍 소국이
슬며시 속삭인다

― 나만 꽃이 아니고
그대들도 꽃이랑께요

막다른 길

한때 슬픔이 목까지
차오르면
대답 없는 편지에
고향집 추억은 쌓이고

얼어 붙은
유리창이 흐르고
텅 빈 하늘에는
칸나처럼
우체통 그림자 한 송이 비치고

서늘한 달빛만이 차올라

무수한 행렬 속에
슬픔은 다시 썰물처럼 밀려가고

오늘도 묵언수행 중인지
어떤 이는 물을 불이라 듣는다

망각의 샘

집 비밀 번호를 자주 잊어 버려
집밖을 서성이던

―니 엄마처럼 총기 있는 사람도 없는데
아버지의 음성이 귓전에 머문다

늘 길을 열어주시던
그 모습은 어디 가고

엄마!
새로운 일들은 다 잊어버려도

예전의 추억일랑은
손에서 놓지 말아주세요

봄 햇살

자주 이사 다녔지
마음에는 한동안
별 하나
초승달 그림자도 보이지 않았지

늘 새로운 곳은 낯설고
가슴속 뜨거운 눈물 방울들
창가에 맺히는데

더디 흐르던 시간들
봄은 아직 오지 아니하고

이제서야
기다림조차 버리니
일순간 내 안에 매화꽃 피어나네

불멸의 꽃

현충원 입구에 줄지어 서 있는
노란, 빨간, 주황의
형형색색의 꽃들

마치 아직은
우리도 살아있어요
그대의 기억 속에… 라고 외치는 듯하다

못다 그린 삶의 수채화런가

저마다의 빛깔로 옮겨
피어나는
영원한 생명

아버지

한 사람의 생애가
밧데리 다한 시계처럼
멈추려한다

심한 폐렴이 오자
겨우 고비를 넘겼지만

스스로 숨 쉬는 것조차
힘들어지시고

한때 막힌 혈관의 다리는
아직도 검은빛

작은 언니의 전화
의식 있을 때
마지막 하고픈 말…

창밖을 밝힌
크리스마스트리의 오색 전구들은
멈춘 듯 하다가도

다시 또 반짝이며 일어서는데

나는 처음으로 귓전에 속삭였다
— 사랑해요, 아버지

소망

소아 병동에 입원한
뛰어 놀지 못하는
파아란 마스크를 쓴
심장병 어린이들

가장 받고 싶은
선물은 무얼까
물어보니
곰 인형이라지

이유를 물어보니
항상 웃고 있어서라지

일순간
마더 테라사 수녀님의 말씀이
종소리처럼 울려 퍼진다

— 사람은 빵만으로 굶주리는 게 아니라
사실은 사랑에 더 목말라 한답니다

문득 뒤를 돌아다본다

항상은 아니더라도
나는 얼마나 자주 웃고 있는지
고요한 들풀의 눈물방울에
귀 기울여 본 적 있는지

동행

친구의 웃음소리 따라
아무 생각 없이 기차에 올랐다
팔공산의 붉은 벨벳 같은 단풍잎들
얼마나 아팠으면 저리 고울까
한해의 아픈 상념의 물결들
낮은 바닥으로 잎을 떨어뜨릴 준비를 하는가 보다

친구는 말했다
— 왜 알면서도 벙어리 되어
모른 척하며 살아왔을까
우리 안의 작은 외침을 외면한 채
나는 묵묵히 걷기만 했다

조갯살에 깊이 상처 내어
성장한 진주처럼
오늘이 바로 입동이란다
— 내 안의 진주는 어디에 있는 걸까

동대구역에 당도했을 때
나는 무심한 마음을 지닌 채

모르며 살기로 할까 생각했다
사람들은 가슴 속 외침을 하나씩 지닌 채
종내는
익숙한 고향으로 떠나가는 걸까

문득, 겨울이 지나면 봄이 오리라는 순차가
가슴을 친다

3부

군자란

돌 지난 딸아이 웃음으로
피어나는 주황색 꽃잎

집안에 봄 소식을 가장 먼저
전해주는 열두 송이 꽃들

짙푸른 넓은 잎들 사이
내복바람으로 뛰어다니는 딸아이

그 웃음소리 커튼을 물들이고
오늘도 소담스런 꽃대를 세우네

편백나무 아래서

첫서리 내리는 상강을 지나자
마음 한쪽에
가끔씩 빨간 신호등이 켜진다

오랜 습관의 장벽들 너머
한 방향으로만 조이던 나사못
왜 그리도 반대 방향의
중심 추를 생각하지 못했을까

유난히 옹이가 큰 나무만 바라보며
봉숭아꽃 물들이듯
나만 바라보며 걸어온 길
그 모두가 또 다른 가면이었음을…

나지막히 속삭이는 갈 햇살 아래서
문득 나를 본다
어릴 적 죽은 나무 속 펑 뚫린 구멍
그 허무의 동굴 저 쪽에

홀로 빛나는
편백나무 의자 하나의
외로움을

내 마음 안에 한송이 꽃

집안에
꽃을 들여 놓는 뜻은
- 이 집에 오시는 분 모두 환영합니다
라는 의미라지

세상사에 관한 연민이
점차 사라져만 가고

한 시대를 살아가는
그대와 나 사이
나는 내 마음 안에
꽃을 들여 놓으렵니다

소담스런 연분홍 작약꽃을
먼저 들여 놓을께요
- 그대를 환영합니다

축복 속에 한 생명이 태어나

처음에 입는 옷
배냇저고리

한 생애가 저물 때는
오직 한 벌의 수의만 걸친 채
떠나가지요

그런데 수의에는
주머니가 없답니다

무상無想

찬바람 속
보도블록 사이로 피어난
키 작은 민들레 한 송이

엄지손가락 만한
동백나무 꽃망울마다
단단히 붉게 동여맨 하루

수통골 계곡의 물소리
고요히 흐르고
드문드문 피어나 수줍은 듯
고개 숙인 연보라빛 진달래

고대하던 나의 봄은
어디쯤 오고 있을까

작은 몸짓 하나
햇빛 사이
뿌리 내리려 하는데

보이는 것도
들리는 것도
오직 텅 빈 허공뿐

상사화

하늘 향한 붉은 꽃대궁
가슴속 파고든다

꽃은 잎을 만나지 못해
잎은 꽃을 기다리다가
가슴 졸이는 그리움 위로
귀뚜라미 소리가 포개진다

제 홀로 남은 향기는
멀리 깃들고
오랜 시간 부치지 못한
가을 연서를 바람결에 띄운다

남몰래 흘린 눈물 속에
감춰진 언어들…
알알이 여물어가고
문득 갈바람 한줄기가
내 등을 쓰다듬으며
― 그동안 수고 했어
속삭인다

먼 지평 위로
타오르는 놀빛

연리목 連理木

그대와 내가
서로 사랑하고
있다고 느낄 때

한 나무와 다른 나무의 나뭇결이
서로 이어져 하나가 되는 것을 아시나요

남은 사랑은
하늘로 올라가
새가 되어
한쪽의 날개를 지닌 채
또 다른 반쪽을 찾는 것이랍니다

땅에서는
서로를 껴안듯
하나가 되었다죠

뿌리가 다른 만큼 다르게 살아온 삶
서로 다른 무늬 결이
서로를 그리워하다

끝내 서서히 스며들어
하나가 되는 사랑

*연리지 나무 : 한 나무와 다른 나무의 가지가 서로 붙어 하나로 이어진 나무

수선화

아침이면 진초록 잎새 위로
노오랗게 피어나

신비스런 모습으로
봄을 알리네

에코*의 사랑도 모른 체하고
사랑 받을 줄 모르네
미소년 나르시스는

신의 벌로
자신의 모습에 반해
물가에서 타들어가며
에코를 그리며
― 사랑이란 이런 거로구나
예쁜 에코 안녕

참됨을 그제서야 깨달아 보네

그 자리에 피어난 꽃 한 송이

*에코 : 그리스 신화의 요정이며 메아리란 뜻

구절초에 관하여

하얀 웃음
고개 숙인 채
깃털 같은 날개
살랑이며

솨솨 밀려오는
어둠일랑
일찍이 가지 치고서
가비얍게 오시네요

아마도
그는 전생에
큰 스님이었을거야

무궁화

아침에 피었다가
저녁이면 짐을 싸듯
꽃잎 돌돌 말아 떠나는 길

매일 새 마음으로
단 하루의 사랑일지라도
높은 하늘에 닿는 숨결

한 송이 송이마다
어머니의 진한 눈물이
연보라 빛으로
수놓아 있네

분꽃

여름날
자주 아파 들르던
병원 앞 그늘에 수줍은 듯 피어
내 마음을 만져주던 분홍 꽃

딸아이 사는 아파트에
무리지어 작은 마을을 이룬
소박한 꽃

여름 지날 무렵
까만 씨앗을 주워 모으면서도
10여 년이 지나도록
가슴속에만 심어놓은 그 꽃

성장학개론

옮겨 심은 지 두 해가 지나도
잎이 나지 않는 나무

살아남기 위해 발버둥치는 뿌리들
허공을 향해 고개 내밀고

마지막 희망 한줌까지 모아
새순 피어 올렸지만
견디다 못해 쓰러질 것만 같다

잘 키우고 싶어
뿌리를 깊이 심은 탓이라 한다

욕심 덩어리 흙들을 거두어낸다
내 마음도 맑아진다

들숨에 말간 하늘이 보이고
날숨에 지저귀는 새소리 온 우주를 감싸안는다

벚꽃나무 아래서

해마다
4월 중순께면

벚꽃나무
그늘 아래 서면
떠오르는 아들의 얼굴

걸어가던 나를
누군가 부른다

엄마
부르며 마주친 눈빛은
고단함이 깃든 눈망울

산책길에
남편과 웃으며 말했지

지켜줄려면
우리가 오래 살아야 한다고
활짝 피어나는 봄밤

봉숭아 꽃 옆에 앉아서

시골 화단
여름 볕에
빠알갛게 물들어간다

어릴 적
동여맨 작은 손톱에
꽃잎 몇 장 초록 이파리 몇 장이
밤 사이 붉어져간다

유난히 꽃물을 좋아하던 딸아이
어느 여름날의 이사
새집은 늘 낯설고
영산강 하구언 갈매기 따라 걷다
마주친 꽃

해마다 여름 가기 전
눈에 밟히는 꽃잎 하나 베어 물면
코끝에 아련한 그 향기
내 마음 곱게 물들인다

12월

한해살이 꽃들
소담스런 눈발 속에
한 생애가 저물어간다

붉은 동백꽃 송이들
목숨 줄 놓듯이

우리는
들숨과 날숨 사이의
고요함에 자주 머물렀을까

패랭이꽃이
자꾸 눈가에
조그만 보랏빛 얼굴로
밟힌다

4부

제주의 9월

워싱턴 야자수 사이에 뜬 노오란 보름달
들판을 하얗게 뒤덮은 메밀꽃
너른 초원 풀을 뜯는 밤색 조랑말
표선면 아래 토산을 적시는 황홀한 파도소리
소나무 숲 위에 별보다 반짝이는 비행기 불빛
그 너머 하늘에 작은 별들 고요하고

운보雲甫*의 집

물어물어 찾아간
화백의 집
입구에 선 석비 뒷동산
첫눈 맞고 누래진 잔디 위

떨어진 붉은 단풍잎들이 가득한 채
아직도 살아 숨쉬는 것만 같았다

어머니의 고향 이곳에 돌아와
20여 년 뿌리를 내렸다지

일곱 살에 열병을 앓아
귀가 멀어
세상에 버려진 것 같았다지

좋고 싫음에서 단절된 채
이미 고인이 된 부인의 목소리
자녀들 친구들의 목소리 듣지 못한
설움이 깊은 한숨소리로 들리는 듯

〈청산도〉의 소 타고 가는 소년
지금쯤 환생의 고삐 잡았을까

노오란 모과나무
툭, 하며 떨어지는 소리
내 어깨를 스치운다

*운보 : 김기창(金基昶, 1913~2001) 화백의 호

오베르의 집
― 빈센트 반 고흐에게

들리나요
21세기에 사는 내 이야기가

새로운 도시에서
이방인처럼 헤매일 때

그대의 영혼을 갉아먹는
지독한 좌절감을 맛보며

죽기 전 70일을 보낸 그 곳
뜨겁게 출렁이는 밀밭

빈센트 반 고흐씨
소용돌이 치는 까마귀 밀밭

밤 강물에 별들이 폭발하고
미치기 직전이군요

그대는

권총을 이마에 빵 하고 겨누며
보란 듯이 안녕이라 했죠

"네 빛이
다른 사람 앞에서 빛나게 하라"는
고흐씨

안녕

김영갑갤러리

루게릭병으로 사진기 셔터 하나
못 누를 처지에 놓인 그

지상에서 허락된
삼백예순날이 세 번

희망 한줌은 내일을 생각하지 않고
오늘 하루 살아있다는 것

제주 사람도 아니면서
제주 풍경에 미친 20년

사진 속에 살아 숨쉬는
바람과 구름 그리고 빛나는 억새풀

그가 자주 찾던 용눈이 오름
그가 사랑했던 두모악 갤러리 감나무 밑

동틀녘 안개꽃 같은 그의 영혼이
별이 되어 살아있었네

비엔나에서

모차르트 생가 1층 슈퍼에는
금발머리 붉은 재킷의 모차르트가
쵸코렛 한 알마다 튀어나오고

모차르트가 결혼하고
장례식도 치뤘다는
성 슈테판 성당의 가뭇한 촛불들

왈츠스쿨에서
오른발, 왼발 소리 내던
금발머리 여선생님 힘찬 목소리

중세 귀족의 집에서 열린
작은 음악회

마지막 곡으로
요한 스트라우스의 라데츠키 행진곡이
추억의 먼 길 위로
금가루처럼 날리고 있었다

3월의 마드리드

눈이 쌓인다
세상이 흰빛으로 하나가 된다

눈 속에
발이 푹푹 빠지는
그 하루
눈길을 따라가면
먼 하늘에 닿을 수 있을까

모든 인연의 실타래
내려놓고

가지 끝에 빛나는 눈꽃 하나에도
별빛은 고요히 내려앉고
우주는 저만치서
소리 없이 울고 있다

부다페스트의 밤

어둔 저녁 황금빛으로 빛나는
부다페스트의 국회 의사당

차가운 바람에 흩어지는
푸른 다뉴브강의 선율

스물 다섯 명이 탄 유람선
스마트폰 후레쉬가 바쁘게 빛나고

헬리아 호텔의 뾰쪽 하늘이
단풍이 보이던 온천욕장의 커다란 창

미로 속 같은 지하 성 레스토랑
갑자기 나타난 바이올린, 아코디언

음표는 베싸메무쵸, 아리랑
장윤정의 짠짜라로 절정을 연주하고
내 나라의 정겨운 리듬 따라

와인 한 잔에 힘들었던 시절 스치우고
솜사탕처럼 부풀어 오르는 내 영혼

나이테

돌 지나서 아장아장
걸을 무렵
민들레 홀씨를 '후'하고
가끔씩 바람에 날려 보냈었지

두 돌 무렵에는
하이얀 토끼풀 찾아내어
뛰어다니곤 했었지

다섯 살 무렵 엄마 생일 선물이라며
조그만 주먹 펼치니
솔방울과 도토리 몇 알이

어느새 중학생이 되었지
잦은 이사로 지친 나에게
하교 길 꺾어다 주던 붉은 장미꽃

흰 봉투에 "엄마 필요하신 것 사세요"
그 마음도 고이 접어 마음 속 깊은 자리에
넣어 두었지

며칠 전 "생신 축하드려요"
말레이시아에서 보내온 선물은
카페모카 커피 한 잔과 티라미슈 케익 한 조각

세월은 흘러가고
아스라이 희미해진 어제의 기억들 사이
푸른 추억들이 일제히 개화하는
동학사 아름드리 벚꽃마냥 나를 일으켜 세운다

마법의 일본 기행

램프 속에서 오사까성의 여섯 번 로스팅 된
카페라떼 향기가 걸어 나오고

교토 청수사에서 본 노랑, 분홍, 빨강 부적들
눈송이처럼 날아오르고

고베의 산 밑 아리마 온천에는
맑은 하늘이 보이는 노천탕이 흐르고

양손을 들고 웃음 짓는 고양이
금방울 소리는 안개 속에서 짤랑거리고

영동 · 봄

봄을 열어주던
살갑던 산수유

아이들 등교 길에
가득하던 안개

집 앞 텃밭에
깻잎 심던 할머니

영동 장날,
겨우내 다져온 희망들

소쿠리에 실려가
기지개 켜고 있겠네

쑥, 냉이, 초록의 완두콩

제 주인과 함께
나란히 앉아있겠네

영동 · 여름

담장을 따라
아침을 여는
연보라 빛 나팔꽃

울 밖에서 넘어온
샛노오란 호박꽃

울타리 곁 앵두열매
발그레 익어가는 유월

사철장미 한 그루
피고 지고 또 피고

한낮
후두둑 장대비

청기와 지붕 위
장독 위
잎 넓은 감나무 위
수근거리는 소리

멀고도 깊다

영동의 첫 여름은
그렇게 나에게로 왔다

영동 · 가을

시골집 지붕 위의
주황색 호박

단풍 비 안으로 젖는
낯익은 고요

창밖의
오래된 플라타너스의 낙엽들

발아래
부서지는 먼 추억의 소리들

앞집 이층 옥상의
백열전구 불빛 아래

감들이
주렁주렁 매달린다

낮 동안

천여 개씩 감 깎는 이들의
소곤거림이 쌓일 때마다
운동화 한 벌이 장만 되고 있다

한 줄 두 줄
내걸리는 주황빛 빛깔들

집들은
서로에게 기대며
오래된 감나무들처럼 이어져 있었다

영동 · 겨울

화롯불 속 군밤처럼
톡톡거리던 눈발

눈 속에 파묻힌
거리를 스노우 체인 달고
달리는 차들

해를 따라 자리 옮기는
달마시안 두 마리

늦도록
불빛이 환한 집

하얀 눈빛 시리운 마음

회색 대문 문고리라도
만져보고 싶은 집

가슴 속에 지어진 집

5부

봄 편지

소나기 지나간 자리
흐르는 흰 구름

넓은 수목원
하늘 우러르면
마음속 그늘이 지워져간다

네댓 살 유치원 아이들이
참새들처럼 재잘거리는데
허공으로 흩어지는 무심無心

아파트 담 벽의 덩쿨 장미는
얼마나 오래 참아
그토록 찬란한 빛깔을 이루었을까

연초록빛 나뭇잎들 서로 얼굴 보며
감싸안으며 전해 주는 사연은
언제나 햇살 아늑한
사랑 그리고 평화

별에 관한 묵상

조석으로 손발이 시려온다
늘 기쁨으로 미소 짓던 별 하나
한동안 보이시지 않더니

가끔씩 안부가 궁금했었지
어느 날 주홍빛 감나무 잎에
실려 온 소식은
폐암으로 일 년째 입원 중

산다는 것은 찰나가 아닐까
아마 지금쯤
지나온 삶을 마무리하고 계실까

단풍나무는
된서리를 맞을수록
붉어져만 가고
고운 잎 주워 가며 걷다보니
그 길이 지나온 나의 내력이었음을

고즈넉이 눈 감고 서면

기쁨도 슬픔도 다 스쳐가는 바람인 걸까

밤하늘의 별빛이
살포시 잎새에 내려앉았다가
아침이면 제자리로 돌아가듯이

길

무등산 높은 봉우리
하얀 눈으로 덮여있고
길가 녹색으로 물오른 나뭇가지 따라
하염없이 걷는다

잦은 추위는
살 속 깊이 잦아들고
봄이 들어선 듯도 한데
가끔씩 비추이는 햇살은
언 마음 녹여주네

삶이
가끔은
절벽 위에 서 있는 듯할 때
고요히 울리는 내면의 소리

― 다시 시작 하세요,
처음으로 돌아가 하루하루를

문득 눈길 닿은 흰 눈 속

홍매화 한 송이
꽃눈 머금어
한 가닥 희망을 퍼 올리고 있네

초심 初心

허공 속
올 한 해의 다짐은
무엇이었을까

오롯이 열두 달의 초승달이 차올라
보름달이 되어가고
그렇게 평생을 이룰 것을

무심천 천변가 아파트
삼백예순날을
두 번 보내고
제 자리로 돌아오는 시간 가까워지고

왜 그다지도 낯설었을까
아파트 단지 보도 블럭 위
한 걸음 걸음마다 겹겹이
쌓인 내 한숨소리
귓전에 들리는 듯한데

길가에 뿌려진 내 눈물의 씨앗은
어느 때쯤 노오란 인동초 꽃으로 피어날까

가을의 내력

'언젠가는 무지개가 뜰거야'
혼잣 말로 스스로를
쓰다듬으며
겨우 뿌리 내린
돌 틈 사이에 황국 꽃봉우리들

가을은
코발트색 하늘
순한 눈길 양털 구름 되어 그렸다가 지우고
불면의 밤 지새우고
긴 여름의 폭우와 먹장구름 지나간 자리
비우고 비워서야
비로소 내 안에 자리한 한 채의 호수

가을볕에
상처 난 자리 씻는 붉은 고추들
오늘은 곱게 눈감은 채
묵언수행 중인가보다

작심作心

어둠이 창가에 어른거린다
하늘은 쪽빛 바다를 닮았다

들숨과 날숨 사이

밤 이슬에
오월의 장미가 일순간
지고 있다

아침에 일어난 순간부터
잠자리 들기 전 행동과 생각 사이 사이를
떠올린다

마음의 기억들
가장 먼저 내 이름을 지운다

이 생애에서 가장 사랑했던
가족들을 떠올리며
지워간다

내가 자주 가던 골목길들

깃털처럼
가벼운 잎을 지닌
메타세콰이어 나무 길들조차도

자주 옷깃을 스치며
지나치던 인연들도
없어진다

나마저 사라진
이 평화로운 시간

유월의 숲속

한 해의 절반이
아스라이 사라져간다

산의 고요한 품속으로 들어간다
내 안의 지친 짐 풀어 놓는다

산길에 박힌 무심한 돌이 되어
초록의 물결에 물들어본다

흘러가는 희고 아름다운 구름
벗 삼아 앉아

— 그새 꽃 피우느라, 열매 맺느라 애썼다
등 토닥이고 싶다

2015년 송년회

서울 반포 서래마을
작은 이탈리안 레스토랑〈블랙 스완〉저녁 6시 30분

배꽃〈명강사 12기 송년회〉하는 날
넓은 창가에 은빛 눈 덮인 크리스마스트리

군포에서 2시간 걸려 왔다는 분
올해 단독으로 이사해 행복하다는 분

한해의 수고로움과 새해의 소망을 담아
강인한의「램프의 시」를 낭송했지

따뜻한 대화는 철길 가에 가득하고
화이트 와인의 달콤함은 깊어지는데

모두들 가슴속 별 하나 품고서
서로의 온기로 반짝거리고 있었지

여로의 끝

낯선 곳으로의 이사는
가끔은 쓸쓸하고 외로웠지

삶이 안개 속에 저문 듯
내가 나 아닌 듯
헤매일 때

내 안의 꿈을 찾아
세상 밖에서 갈망하며
텅 빈 가슴을 채우러
종종 낯선 길로 떠나곤 했지

때로는
동트기 전이 가장 어둡다며
나를 토닥이며 위로했지

돌고 돌아와 다다른 길
내 마음 안에
가장 빛나는 꽃밭이 숨어 있는 것을

왜 그때는 몰랐을까
내게 주어진 슬픔의 길들이
나를 키워온 것을

가을 풍경

어쩔거나,
집 앞 우암산이 울긋불긋 물들어간다

아파트 단지 내 은행나무들
대낮에
샛노오랗게 작은 등을 일제히 밝힌다

이 일을 어찌할거나
꽃보다 곱디고운 것들을
삶은 낙하하기 전에 가장 빛나는 걸까

오메,
창가의 감나무는 진한 주홍빛으로
열매를 맺고
첫서리에 감잎은
새색시 치마 색보다도 더 고운 걸

어느덧
슬픔의 무게까지
가늠하는 나이에 접어든 걸까

단풍든 바람 한 줄기
홀연 귓가를 스친다

흐름에 대하여

우리 동네에서
가장 먼저 매화꽃이 피어나는 집
올해는 늦장을 부려서
한참을 기다렸지

꽃가게에 싱그런 후리지아 한 단
이월의 봄, 노오란 나팔 불어대는데

3월 중순 무렵
만개한 연분홍 꽃잎들
옆 동네 목련꽃 위로는
밤 사이엔 함박눈이 쌓였다지

절기는 막을 수 없는 걸까
꿈길 위로
미끄러지듯 스치며
사라지는 하루 또 하루

나는 지금
내 생의 어느 절기에
와 있는 걸까

묵시默示

노을이 지면
거울을 보며 하루의 얼굴을 닦는다

하루하루 닦아낼수록
맑아지는 영혼

순간순간 웃자라는
어두운 습관의 고리들을 끊어내야 한다

긴 호흡으로
생각과 행동의 틈새 사이
마음을 내려놓는 연습을 해야 된다

일어나는 생각들을
물들지 않고 바라보는 나

오른발, 왼발 천천히 내딛는다
오롯이 빈 마음으로

다리를 절며 걸어가는 이여
다음 생은 홀홀히 피어나는 들꽃이고 싶어라

| 작품 해설 |

일상 속 영성靈性의 발견과 조화

손종호 (시인, 충남대학교 명예교수)

1. 내면 성찰과 동화의식

서금희의 시는 담백하다. 화려한 수사적 기법보다는 친근하고 평이한 어법으로 삶의 실상과 자연을 노래하고 있다. 그러나 친근한 일상이나 평범한 사물에 초점을 맞추고 있는 듯해도 예사롭지 않은 각성의 흔적이 배여 있다. 그리고 그 흔적들은 한결같이 서정적 감싸기를 통하여 나름대로의 영성을 구현하고 있다.

인간은 영과 마음과 몸으로 이루어진 3중의 존재다. 영성(spirituality)이란 이러한 영과 마음과 몸이 조화와 균형을 이루는 통합된 생명력이라고 할 수 있다. 물론 종교성(religiosity)과 영성은 분명한 차이를 지닌다. 종교성이란 신앙의 외적 발현으로서 영성 표현의 한 수단이며 특정 종교를 통해서 삶의 의미와 가치를 추구하고자 하는 특성을 말한다. 서금희가 추구하는 영성은 일상 속에서 추구하는 소박한 영성이다. 초월영역이나 지적영역보다는 감각영역에 집중하고 있으며 스스로의 체험을 바탕으로 평강과 안정을 지향하는 특징을 지닌다. 그리고 그 궁극은 자연과 내가 하나라는 지향점을 지닌다. 그녀의 시 속에 스스로의 내면에 대한 성찰이나 자연과 사물에 대한 동화의식이 무시로 드러나는 이유가 여기 있다.

   (가) 들숨과 날숨 사이
      삶과 죽음 사이

      우리는 어두운 수렁 같은 영혼 속에
      오직 한 송이 연꽃을 피워내는
      사랑인 것을
                          —「명상」에서

   (나) 일어나는 생각들을
      물들지 않고 바라보는 나

      오른발, 왼발 천천히 내딛는다
      오롯이 빈 마음으로

      다리를 절며 걸어가는 이여
      다음 생은 홀홀히 피어나는 들꽃이고 싶어라
                        —「묵시(默示)」에서

(다) 뿌리가 다른 만큼 다르게 살아온 삶
　　서로 다른 무늬 결이
　　서로를 그리워하다

　　끝내 서서히 스며 들어
　　하나가 되는 사랑
　　　　　　　―「연리목(連理木)」에서

　모든 생각의 기초는 고요한 내면의식이므로 아무런 왜곡 없는 순수한 마음 상태로 돌아가는 것을 초월(transcendence)이라 하며 이를 실천하려는 것이 곧 명상(meditation)이다.
　「명상」이라는 제목의 시 (가)에서 시적 화자는 인간은 모두가 들숨과 날숨을 쉬며 사는 존재이며 누구나 삶을 영위하듯 언젠가는 죽음을 수용해야 하는 존재들임을 환기한다.
　그러나 시적 화자는 그러한 양극성의 세계에서 인간이라는 존재의 궁극은 "오직 한 송이 연꽃을 피워내는 /사랑인 것을" 새삼 확인한다. 더욱이 그 사랑은 슬프고 고통스러워 "어두운 수렁 같은 영혼" 속에서 피어나는 것이기에 더욱 소중한 것이라고 말하고 싶은 것이다.
　이렇게 본다면 마음을 자연스럽게 안으로 몰입시키는 명상을 통해 시적 화자는 마음의 고통에서 벗어날 수 있으며 그 중심은 사랑이어야 함을 강조하고 있는 셈이다.
　시 (나)에서 "일어나는 생각들을 /물들지 않고 바라보는 나"는 판단 유보의 중립적 자아를 의미한다. 인간에게 생각이란 아무런 지시도 없건만 피가 혈관을 돌 듯 위장이 음식을

소화하듯 그냥 떠오르는 생리적 현상이다. 그러나 생각이란 떠오르는 순간 거의 대부분의 경우 과거로, 혹은 미래로 향한다. 그리고 과거로 가면 필경은 어두운 상처나 원망을 불러일으키고 미래로 향하면 불안과 두려움에 휩싸이기가 십상이다. 시적 화자는 이러한 폐해를 알아서인지 마치 명상을 하듯 자신의 내면에서 일어나는 생각들을 객관화하여 "물들지 않고 바라보는" 중립성을 유지한다. 즉 '현재에 머무름'을 유지하는 것이다.

오른발을 내딛고 왼발을 내딛음을 의식하는 것 역시 '현재에 머무름'을 뜻한다. "다리를 절며 걸어가는" 그 이유야 알 수 없지만 생각에 휘둘리지 않고 "오롯이 빈 마음"을 이룰 수 있기에 다음 생을 생각할 수 있는 여유가 마련되고 "훌훌히 피어나는 들꽃이고 싶어라" 외칠 수 있는 것 아닐까? 이렇듯 모든 것의 비어 있음, 생각의 현재에 머무름, 인간이 들꽃이 되는 죽음 저 너머 형체의 변화… 등 서금희 시에는 영성의 그늘이 짙다.

시집의 제목이기도 한 시 (다)「연리목」에서는 "뿌리가 다른 만큼 다르게 살아온 삶"임에도 불구하고 서로를 그리워하며 마침내 하나가 되는 사랑을 노래한다. 각각 뿌리가 다른 나무들이 성장하면서 서로 얽혀 하나가 되는 「연리목」의 형상은 어찌보면 시인이 꿈꾸는 그녀만의 유토피아인지 모른다. 오랜 성장을 통해 그 과정에서 하나가 되는 합일 지향의식은 나와 타자의 구분을 극복하고 나와 자연, 나와 세계의 차이를 넘어 마침내 하나를 이루는 의식의 가장 높은 단계를 의미하기 때문이다.

(가) 여름 내내 간절함 담아
　　온몸으로 붉게 물들어 간다

　　며칠 사이 마음마저 단풍이 들어
　　바람마저 아득한 길

　　그 길조차 버리고나니
　　기러기 한 마리 물고 가는 고요가 보인다
　　　　　　　　　　　　　　―「단풍잎」에서

(나) 봄을 열어주던
　　살갑던 산수유

　　　아이들 등교 길에
　　　가득하던 안개

　　　집 앞 텃밭에
　　　깻잎 심던 할머니

　　　영동 장날,
　　　겨우내 다져온 희망들

　　　소쿠리에 실려 가
　　　기지개 켜고 있겠네

　　　쑥, 냉이, 초록의 완두콩

　　　제 주인과 함께
　　　나란히 앉아 있겠네
　　　　　　　　　　　―「영동·봄」 전문

시 (가)는 서정적 감싸기로 영성을 드러내는 서금희 시의 특징을 잘 드러내고 있다. "여름 내내 간절함 담아 /온 몸으로 붉게 물들어" 있는 단풍을 바라보던 시적 화자의 마음조차 단풍이 들고 이제 바람 속에 자신을 버려야 하는 단풍잎의 길, 곧 죽음마저 초극하고 나니 "기러기 한 마리 물고 가는 고요가 보인다"는 시의 결구에는 모든 일을 마친 자만이 누릴 수 있는 무심(無心)의 자유가 깃들어 있기 때문이다.

흥미로운 것은 영성을 추구하는 이런 유형의 시들이 자신의 내면공간에 머무름과 달리 시적 화자의 시선이 현실에서 그리 멀리 있지 않다는 점이다. 그리고 그런 동화의식이 그저 관념에만 머물러 있는 것도 아니다. 가족애, 친족애, 향우애, 향토애 등이야말로 어떤 의미에서는 가장 소박한 동화의식의 기반을 이룰 것이기 때문이다. 시 전문을 인용한 시 (나)에는 이웃 할머니에 대한 애틋한 인간애가 담겨 있다.

"집 앞 텃밭에 깻잎 심던 할머니"는 겨우내 가꿔 온 채소와 곡류를 소쿠리에 싣고 영동 장날을 맞아 팔러 가셨다. 시적 화자는 그런 할머니를 생각하며 "쑥, 냉이, 초록의 완두콩"도 "제 주인과 함께 /나란히 앉아 있겠네" 상상한다.

시인의 마음도 이미 영동 장터에 앉아 있음은 물론이다. 이렇듯 시적 화자는 명상에 몰입한 것처럼 외부와 단절된 서정적 자아가 아니라 끊임없이 자신을 둘러싼 환경과 인간과 자연과 교감하고 돌아보고 동일성을 지향한다는 점에서 그 나름의 개성적인 시세계를 이룬다. 그것은 아마도 내면세계가 곧 외면세계의 반영이요 외면세계란 곧 내면세계의 반영이라는 시인 자신의 성찰에서 비롯된 것이 아닐까 생각된다.

2. 도정의 이미지와 소통의 의미

　인간의 삶을 장막생활에 비유할 수 있다면 그것을 가장 강렬하게 체험한 것은 아마도 이스라엘 민족일 것이다. 모세의 인도로 시작된 저들의 삶은 이집트에서 시내광야로 옮겨 간 후 약속의 땅 가나안에 이르러서야 하나의 귀결을 이룬다. 개인의 삶도 이와 크게 다르지 않다. 일생 동안 한 곳에 정주하여 떠나지 않고 살기에는 농경사회에서 산업사회로, 다시 지식정보화 사회로 이행해 온 우리 사회의 변모가 너무나 컸기 때문이다. 많은 시인들이 길에서 우리의 삶을 읽고 집에서 우리의 존재 양식을 읽어내는 이유가 여기에 있다.

　　(가) 자주 이사 다녔지
　　　　마음에는 한동안
　　　　별 하나
　　　　초승달 그림자도 보이지 않았지

　　　　늘 새로운 곳은 낯설고
　　　　가슴속 뜨거운 눈물방울들
　　　　창가에 맺히는데
　　　　　　　　　　　　　　　─「봄 햇살」에서

　　(나) 유난히 꽃물을 좋아하던 딸아이
　　　　어느 여름날의 이사

새집은 늘 낯설고
영산강 하구언 갈매기 따라 걷다
마주친 꽃

해마다 여름 가기 전
눈에 밟히는 꽃잎 하나 베어 물면
코끝에 아련한 그 향기
내 마음 곱게 물들인다.
　　　　　―「봉숭아 꽃 옆에 앉아서」에서

(다) 눈 속에
발이 푹푹 빠지는
그 하루
눈길을 따라가면
먼 하늘에 닿을 수 있을까

모든 인연의 실타래
내려놓고

가지 끝에 빛나는 눈꽃 하나에도
별빛은 고요히 내려앉고
우주는 저만치서
소리 없이 울고 있다.
　　　　　―「3월의 마드리드」에서

　서금희의 시에 자주 등장하는 이주(移住)의 상상력은 물론 현실적으로는 공직자인 부군의 근무지 이동에 따른 결과라 해도 그것들이 상징하는 도정의 이미지는 소박하지만 결코 단순하지 않다. "늘 새로운 곳은 낯설고 /가슴속 뜨거운 눈물

방울들 /창가에 맺히는" 새로운 공간 속에도 봄 햇살은 숨어 있다. "새집은 늘 낯설고" 처음에는 적응하기 힘들지만 "영산 강 하구언 갈매기 따라 걷다 /마주친 꽃" 봉숭아는 "내 마음 곱게 물들"이는 추억의 "아련한 그 향기"로 다가온다. 그래서 인지 시 「무심천」에서는 "그때는 왜 몰랐을까 /지나간 사소함이 온통 그리움인 것을"이라며 안타까워한다.

  그래서인지 유럽 여행을 노래한 「3월의 마드리드」에서는 문득 "눈길을 따라가면 먼 하늘에 닿을 수 있을까"라며 길의 의미를 되돌아본다. 그렇다. 인간은 길 위의 존재다. 비로소 길의 의미를 깨우친 시적 화자는 "모든 인연의 실타래 /내려놓고" 이제 "눈꽃 하나에도" 고요히 내려앉는 별빛을 본다.

  먼 하늘, 인연, 눈꽃, 그 위에 내려앉는 별빛… 이 모두가 "저만치서 /소리 없이 울고 있"는 우주의 한 형제요 자매였던 것이다. 애초 구분이란 없는 것을 쓸데없는 차별심으로 나누고 있었다는 각성이 낯선 이국(異國)에서 이루어졌다는 사실이 더욱 깊이 다가오는 이유다.

  길 위에서 이루어지는 도정의 이미지에서 중요한 하나는 소통의 문제다. 인생이라는 길을 가는데 함께 가는 친지들과 이웃, 혹은 낯선 이들과의 동행은 무엇보다 소통을 필요로 하기 때문이다.

  그러나 서금희 시에서 소통 역시 많은 부분이 영성적 의미로 기울어 있다.

    (가) 기저귀 갈고 나서 부끄러울까봐

말을 걸면 눈동자가 움직인다며

　　　잔잔히 미소 짓던 아이 엄마는
　　　그 아이의 SNS를 내게 보여주었다

　　　―친구야, 떠나기 전
　　　정말 딱 한 번만이라도 걸어보고 싶구나
　　　　　　　　　　　―「마지막 문자」에서

(나) 집 비밀 번호를 자주 잊어 버려
　　　집밖을 서성이던

　　　―니 엄마처럼 총기 있는 사람도 없는데
　　　아버지의 음성이 귓전에 머문다

　　　늘 길을 열어주시던
　　　그 모습은 어디 가고
　　　　　　　　　　　―「망각의 샘」에서

(다) 문득 길가의 연분홍 소국이
　　　슬며시 속삭인다

　　　―나만 꽃이 아니고
　　　그대들도 꽃이랑께요
　　　　　　　　　　　―「남도의 가을」에서

(라) 마음속 바램조차
　　　지우고 나니
　　　우연히 마주친
　　　패랭이

패랭이꽃 되어가네
　　　　　　―「하심(下心)」에서

　시 (가)는 여섯 살 때부터 몸이 마비되어 걷지 못하고 고생하다가 나이 서른에 중환자실에 누워 1년 넘도록 고무호스로 숨을 쉬며 연명하다 숨을 거둔 장애우를 소재로 하고 있다. 그가 마지막으로 친구에게 보낸 "-친구야, 떠나기 전/정말 딱 한 번만이라도 걸어보고 싶구나"는 문구는 정상인으로 산다는 것이 얼마나 큰 축복인가를 절실하게 깨우쳐 준다. "기저귀 갈고 나서 부끄러울까봐/말을 걸면 눈동자가 움직인다며//잔잔히 미소 짓던 아이 엄마"의 배려처럼 이 시에는 잔잔한 감동이 내재되어 있다. 시 (가)에 인생이라는 도정에서 부딪친 우발적인 고통의 의미가 담겨 있다면 시 (나)에는 인생이라는 도정의 끝에서 어쩔 수 없이 부딪칠 수밖에 없는 순명의 고통이 담겨 있다. "-니 엄마처럼 총기 있는 사람도 없는데"라는 아버지의 음성이 귓전에 머무는 것은 어머니가 "집 비밀번호를 자주 잊어 버려/집밖을 서성이던" 까닭이다. 노화의 진행으로 인해 오는 기억력의 감퇴는 자연스러운 일이겠지만 시적 화자에게 그것이 단순한 고통 이상인 것은 곁에서 "늘 길을 열어주시던/그 모습"이 너무도 선연한 까닭이다. 인생이라는 도정에서 어떤 이유에서건 자연스러운 소통이 이루어지지 못하는 것은 고통 이상의 것일 수 있다. 그래도 위로 받을 수 있는 것은 자연이 우리 곁에 있는 까닭이다. "길가의 연분홍 소국이" "-나만 꽃이 아니고/그대들도 꽃이랑께요" 속삭일 때면 아무리 어렵고 고단한 도정일지라도 새 힘을 얻을 수 있는 것이다. 그러기에 시적 화자는 (라) 시에 이르러서는 길을 잊은 듯 마음 속 바램도 지우고 서서 "우연히 마주친 /패랭이"를 보는 순간 "패랭이꽃"이 되어 가는 일체감에 이르게 되는 것이다.

 때로는 예기치 않은 불운에 의해 장애를 안고 삶을 살고 시간의 흐름 속에서 기억력이 감퇴되어 망각의 샘가를 서성여도 그 모든 것은 결국 모두가 하나라는 도정의 끝으로 가는 방식일 뿐 진정한 것은 사람이 길을 이루고 길이 사람을 이루는, 사람이 꽃이 되고 꽃이 사람이 되는 모든 경계를 넘어서는 자리임을 이들 시편들은 노래하고 있으며 그것이 곧 궁극적인 소통의 완성임을 이야기하고 있는 것이다.

3. 성장의 고통 혹은 순환의 이법

 생명을 지닌 이 세상의 모든 유기체들은 생성과 성장과 소멸의 순환과정을 거친다. 씨가 뿌려져 싹을 내고 이삭을 내고 이삭에 충실한 곡식을 내면 추수가 이루어지고 겨울이 오듯 성장은 순환의 흐름으로 다시 이어지기 마련이다. 농경 중심 사회에서 비롯된 동양의 종교들이 한결같이 환생과 윤회와 같은 생명의 연속성을 주장하는 것 역시 이와 무관하지 않을 것이다. 성장과 순환, 그것은 곧 성장이 순환이요 순환이 곧 성장을 의미하기 때문이다.

 (가) 하룻밤 새 노오랗게 꽃비 맞더니

       가을이라고 귀띔해준다

   누굴 설레게 하려고 저리 고울까
   얼마나 간절했으면 저리 붉을까
   　　　　　　　　　—「은행나무 아래서」에서

(나) 때로는
   동트기 전이 가장 어둡다며
   나를 토닥이며 위로했지

   돌고 돌아와 다다른 길
   내 마음 안에
   가장 빛나는 꽃밭이 숨어 있는 것을

   왜 그때는 몰랐을까
   내게 주어진 슬픔의 길들이
   나를 키워온 것을
   　　　　　　　　　—「여로의 끝」에서

(다) 첫서리 내리는 상강을 지나자
   마음 한쪽에
   가끔씩 빨간 신호등이 켜진다

   오랜 습관의 장벽들 너머
   한 방향으로만 조이던 나사못
   왜 그리도 반대 방향의
   중심 추를 생각하지 못했을까
   　　　　　　　　　—「편백나무 아래서」에서

'영성주의 시대'라고 일컬어지는 21세기에 영성주의자들은 지구 행성이 오히려 우주의 가을, 곧 결실기에 들어섰다고 주장한다. 그러나 가을은 열매가 맺는 결실기이나 또한 휴지기로 가는 조락의 계절이기도 한다. (가) 시에서 가을을 맞아 은행나무 아래에 선 시적 화자는 밤새 꽃비 맞은 노오란 은행나무 잎들과 주변의 단풍들을 보며 "누굴 설레게 하려고 저리 고울까 /얼마나 간절했으면 저리 붉을까" 반문한다. 나뭇잎만이 아니라 모든 유기체들은 하나의 꿈과 목표를 향해 달려간다. 꿈의 실현을 바라보는 설렘과 간절함으로 살아가지만 (나) 시에 나타나듯 힘든 시간을 만날 때면 "때로는 /동트기 전이 가장 어둡다며" 자신을 토닥이며 위로하기도 해야 한다. 그러나 기실 지나고 보면 "돌고 돌아와 다다른 길"은 바로 다름 아닌 "내 마음 안"이며 바로 그 안에 "가장 빛나는 꽃밭이 숨어 있는 것을" 알게 된다. 그리고 마침내 시적 화자는 "왜 그때는 몰랐을까 /내게 주어진 슬픔의 길들이 /나를 키워온 것을" 이라는 깨달음에 이르고 있다. 불가에서 말하듯 일체유심조(一切唯心造)인 셈이다. 물론 그렇다고 해서 이 시가 마음 외에는 어느 것도 존재할 수 없으며, 마음에 의하여 모든 것이 창조된다는 화엄경(華嚴經)의 중심 사상인 일체유심조를 강조하는 것은 아니다. '마음'은 기독교에서도 "생명의 근원"(잠언서 4장 23절) 이라 했으니까. 중요한 것은 시적 화자가 '마음'을 바라보면서 시 (다)에 나타나듯 비로소 반대편을 바라보는 눈을 얻게 된다는 점이다. 즉 시적 화자는 "첫서리 내리는 상강을 지나자 /마음 한쪽에 /가끔씩 빨간 신호등이 켜"지고 "왜 그리도 반대 방향의 /중심 추를 생각하지 못했을까" 스스로에게 묻고 있는 것이다. "한 방향으로만 조이던 나사못"이라는 싯구가 암시하듯 오랜 습관처럼 오직 하나의 꿈에만 매달려 사는 삶이 얼마나 타성적인 것인가를 깨닫는 마음이야말로 바로 삶에 가장 필요한 '균형과 조화'의 각성인 셈이다. 바로 이러한 깨달음이 깃들기에 가을은 또 다른 의미의 결실을 이룬다.

>(가) 나무는 제 삶의 이유였던 빛나는 잎들을
>   단호하게 버린다
>
>   어떤 풍랑에도 뒤집히지 않게
>   배의 중심을 잡아주는 평형수처럼
>
>   손과 발 같은 가지조차
>   세찬 바람을 도와 잘라 버린다
>   ―「나무에게서 배우다」에서
>
>(나) 작은 언니의 전화
>   의식 있을 때
>   마지막 하고픈 말…
>
>   창밖을 밝힌
>   크리스마스트리의 오색 전구들은
>   멈춘 듯 하다가도
>   다시 또 반짝이며 일어서는데
>
>   나는 처음으로 귓전에 속삭였다
>
>   ― 사랑해요, 아버지
>   ―「아버지」에서

(다) 욕심 덩어리 흙들을 거두어낸다
내 마음도 맑아진다

들숨에 말간 하늘이 보이고
날숨에 지저귀는 새소리 온 우주를 감싸 안는다
―「성장학개론」에서

나무가 "제 삶의 이유였던 빛나는 잎들을 /단호하게 버"릴 수 있는 힘은 무엇이겠는가. 그것은 "어떤 풍랑에도 뒤집히지 않게 /배의 중심을 잡아주는 평형수처럼" 바로 우주의 이법으로서의 순환의 인정과 수용이며 조화와 균형의 선택과 다름이 아니다. 그러므로 "손과 발 같은 가지조차" 심지어 "세찬 바람을 도와 잘라 버린다". 시 (나)에서 "멈춘 듯 하다가도 /다시 또 반짝이며 일어서는" "창밖을 밝힌 /크리스마스트리의 오색 전구들"에 비유되듯 힘겨운 시간이 흘러가는 병상 곁에서 시적 화자가 "― 사랑해요, 아버지"라고 처음으로 귓전에 속삭이는 간절함 역시 그것만이 순환의 흐름 앞에서 시적 화자가 할 수 있는 최선의 헌사이기 때문이다.

시 (다)에서 "욕심 덩어리 흙들을 거두어"냄으로 "내 마음"이 맑아지듯이 세상은 양극성이 균형과 조화를 이루기에 오히려 영원할 수 있다. 따라서 "들숨에 말간 하늘이 보이고 /날숨에 지저귀는 새소리 온 우주를 감싸 안는다"는 아름다운 싯구 속에 이 모든 깨달음이 집약되어 있는 것이며 이것은 또한 시인 서금희가 꿈꾸는 영원한 합일의 도달점일 것이다.

서금희의 시는 앞으로 문학적으로 좀더 성숙해져야 하는

과제를 안고 있다. 그러나 이 한 권의 시집은 그녀가 노래하고 싶고 보여주고 싶었던 일상 속에서의 영성의 발견과 조화로운 삶의 의미를 친근하고 평이한 어법과 참신한 이미지로 형상화함으로써 나름대로의 독창성을 보여주고 있다. 앞으로의 더 큰 결실이 기대되는 이유다.

이든시인선 022

연리목

ⓒ서금희, 2018

초판 1쇄	2018년 10월 31일
2쇄	2018년 11월 22일
3쇄	2018년 12월 5일
4쇄	2018년 12월 11일
5쇄	2019년 07월 15일

지은이 서금희
발행인 이영옥
편집 김원선

펴낸곳 이든북
출판등록 제2001-000003호
주소 34625 대전광역시 동구 태전로 30 (광진빌딩) 2층
전화번호 (042)222-2536 | **팩스** (042)222-2530
전자우편 eden-book@daum.net

ISBN 979-11-87833-65-9 03810
값 10,000원

* 이 책의 판권은 지은이와 이든북에 있습니다.
* 이 책 내용의 전부 또는 일부를 재사용하려면 반드시 양측에 서면 동의를 받아야 합니다.